早稲田教育ブックレット No.21

東アジア地域における小学校英語教育

—日・中・韓の国際比較—

表紙写真：Childhood Abc Child Alphabets Academic Alphabet/CC0（https://www.maxpixel.net/Childhood-Abc-Child-Alphabets-Academic-Alphabet-3523453）

はじめに

一九九〇年代以降、グローバリゼーションの進行があり、とりわけ東アジア地域は非常に大きな影響を受けてきました。その中で、東アジア各国において、英語教育を強力に推進する動きが起こってきています。

たとえば韓国は、一九九七年経済危機があり、競争が激化する中で英語教育熱が高まり、小学校の三年生から英語が必修化されています（一九九七年）。中国は、WTO加盟（二〇〇一年）をきっかけとして英語教育熱が高まり、小学校三年生から必修化されました（二〇〇一年）。また、習近平体制の下で、一帯一路構想を重点的に進めていますが、対外進出の中で英語話者の人材育成にも力を入れていることが指摘できます。台湾においても、小学校五年生からの英語教育が必修化されています（二〇〇一年）。

一方、日本は、二〇二〇年から教科としての英語教育が、小学校五、六年生に導入されます。日本における小学校英語教育は、東アジアの各国からまさに遅れてきた二〇年と言えます。

その中で、私自身の問題関心は、第一に、なぜ中国など東アジア地域では、二一世紀以降に英語教育が急速に発展を遂げたのか、第二に、東アジアの各国の英語教育が非常な勢いで進展していく中で、日本の英語教育はどうあるべきか、第三に、日本が東アジア地域の英語教育に学ぶことができるのはどのようなことかという点にあります。そういった観点から、今回のシンポジウムを企画させていただきました。

登壇者としては、原田哲男（早稲田大学教授）、東仁美（聖学院大学教授）、また韓国から李恩珠（明知短大客員教授）の各氏をお招きしました。それぞれに、言語教育、小学校英語教育、多文化教育の分野で理論研究と実践を積み上げてこられた専門家です。

当日、学生、院生（留学生を含む）、一般（教員、英語教育関連の専門家）を含めて、多くの方々の参加を得ることができ、この分野に関する関心の高さがうかがわれました。

今回、本シンポジウムの企画・開催を後押ししてくださった早稲田大学教育総合研究所の町田守弘所長に、心から感謝いたします。また副所長の佐藤隆之先生には、当日の司会進行もお手伝いいただきました。シンポジウムの運営に当たっては職員の方々に助けていただきましたし、教育総合研究所・山本桃子助手の献身的な努力のおかげで、ブックレットとして出版できたことも嬉しく思われます。

本ブックレットが、日本の英語教育を考えるための一つの力になれば幸いです。また、今後、子どもたちが外国語を楽しみながら学び、多文化共生の輪が地域から世界へと広がることを、心から願っています。

二〇一九年二月二日

早稲田大学　教育・総合科学学術院　教授　小林　敦子

中国における小学校英語教育—都市及び農村の事例—

早稲田大学教育・総合科学学術院教授　小林　敦子

皆さんこんにちは。私は中国の教育が専門で、最近は中国の英語教育に関心を持っております。本日、ご来場いただき、誠にありがとうございました。主な内容ですが、一、中国における英語熱、二、英語教育の導入・実施及び教科書、三、小学校での英語教育の実態、という流れで、話したいと思います。

中国における英語熱

中国を語る場合に、近年の教育発展が著しいことは、忘れてはいけないと思います。義務教育法が文化大革命の後、一九八六年に制定されました。その後の教育改革のスピードは非常に速く、特に高等教育での変化は著しいものがあります。たとえば高等教育の進学率が、二〇一六年の段階で四二・七%まで来ています。大学在学生数で見ますと、中国は、約二六〇〇万人に上り、日本はその一〇分の一の約二六〇万人です。まさしく高等教育大国と言えましょう。

カリキュラム改革も進んでいます。日本人の間には、中国は上からの注入式の授業が行われているのではないかというイメージが強いと思います。しかし、現在都市部においては、かなり学習者主導型の授業も行われています。中国の場合、日本以上に国家の戦略と教育が結び付いています。そのため、教育改革の進展が日本以上にはるかに顕著であることが特徴です。

その中で、英語熱が進行しています。大学を卒業するために四級（英検で二級以上に相当）が必要です。大卒資格取得のために、とにかく英語を学びます。留学熱も高く、近年は、中等教育段階からイギリス、アメリカに留学する人も増えています。全米での留学生数は中国が第一位で、欧米での中国人のプレゼンスが高まっています。

スタンフォード大学に二〇一七年に行きましたところ、子連れの中国人のファミリーにたくさん出会いました。ブックストアも、中国人のファミリーで溢れていて、英語の本を娘に読み聞かせしているお父さんもいました。将来的に自分の子どもを留学させるための下見でしょうか。

中国では、二〇〇一年のＷＴＯの加盟、二〇〇八年の北京オリンピックの開催が大きな契機となって英語学習へのうねりが生まれました。日常生活の中でそれほど英語が必要とされているとは思われませんが、では、どうしてここまで英語を熱心に学ぶのでしょうか。

一つは、能力の指標を示すものとして、英語が使われているという現実があります。今一つには、超大国への夢です。清朝末期以来、一九世紀末から二〇世紀にかけて、中国は多くの帝国主義諸国に蹂躙されてきました。やはり中国にとってみると、世界の超大国になることは大きな夢だと思います。それを実現する手段として、対外的な進出のために世界言語としての英語は必要だ、という認識が強いのではないでしょうか。

英語教育の導入・実施及び教科書

外国語教育の小学校への導入については、二〇〇一年の「義務教育英語課程標準」に週二コマ、小学校三年生から必修と規定されました。

ここで簡単に、中国における英語教育の特徴をまとめておきましょう。

第一に、小学校三年から英語教育が導入されているものの、都市部では通常、小学校一年生から、あるいは幼稚園から導入しているところも多いことです。また実際は、週時間数が四コマ以上で運用されているところが多くあります。

第二に、農村部においても英語教育を実施するため、教材開発が進んでいることです。中国はご承知のとおり、非常に多くの農村地域を抱えています。しかし、教師のレベルが必ずしも高くありません。そのために、さまざまな優れた教材が開発されています。

第三に、小学校の英語は専科の教員が担当している点です。これは、基本的に学級担任が行う日本とは大きく異なっています。

第四に、英語の授業での教授言語は基本的に英語であり、英語を使って英語を教えていることです。日本の研究者が中国に行って、恐らく一番驚く点は、英語で授業ができる大量の英語教師が育成されていることです。これに関しては、たとえばネイティブではないため、発音の問題があるのではないかとか、いろいろな議論はあるかもしれません。ただ、中国人の先生が英語を使って教えるということは、自分も頑張ればここまで英語は話せるという、ロールモデルとしての役割もあると思います。これはかなり注目すべき点ではないでしょうか。

第五に、英語の授業では、中国の文化を紹介することに重点が置かれています。日本の英語教育は、国際交流であるとか、外国の文化の理解に重点が置かれているように思います。中国のテキストを見ると、自国の文化を外国人に紹介することにかなり重点が置かれています。

では、実際にどのような教科書が使われているのでしょうか。小学校一年生からの英語学習者用と小学校三年生からの英語開始の学習者用がありますが、ここでご紹介するのは小一バージョンの『英語 Starting Line』（人民教育出版社）です。北京の海淀区という、北京大学などがある学区で使用されている教科書です。一般的ではないかもしれませんが、ご紹介したいと思います。

たとえば、小学校六年生用の「レッスン1・In China」では、中国にはどのような観光地があるのか、チベットの Potala Palace（ポタラ宮殿）、雲南省の Stone Forest（石林）がありますという内容です。レッスン2では、アメリカから来たベンさんに、兵馬俑（西安）といった中国での見どころを紹介するという形です。「レッスン94・Robots」では、What is a robot? A robot is a machine…と、小学校にしてはかなり長い文章です。たくさんの英語を読んで話すことが、中心になっています。

小学校三年生から開始されるバージョンの英語教科書もあります。これはオーラルが中心ですので、小学校六年生でも比較的平易です。

小学校での英語教育の実態

実際にどのような英語教育が行われているか、映像を交えてご紹介したいと思います。まず都市部における学校英語教育で、これは北京のある小学校です。週に一回だけネイティブの先生が来て、演劇やダンスを取り入れながら英語を教えています。子どもたちにもインタビューしましたが、大変楽しいと言っていました。

次もぜひご紹介したい例です。大連の郊外の小学校ですが、基本的に農民工子弟が八〇%です。つまり子どもたちの多くは農村出身で、ここにお父さん、お母さんと一緒に来ています。この小学校の授業でも、基本的に先生は英語を使っています。

ちょうど子どもたちに写真を一枚持ってこさせて、ペアになってThis is my mother. This is my brother. という形で、家族紹介をするという授業をやっていました。授業を見学したときに、先生から私は英語で話しかけられたのですが、英語があまりできませんので、中国語で返答しました。そうしたら、この人、外国人なのに英語ができないの？　田舎の中国人？　という感じで子どもたちから見られました。たとえ中国であっても英語ができないと恥ずかしいなと、実はそのとき思いました。

また西安でもイマージョン教育の実験校を見学しました。この学校は、農民工子弟の多い学校ですが、一週間に八コマ英語がありました。先生も非常に熱心で、思想品徳、つまり日本の道徳に相当する授業も英語で実施しています。見学当日は、イソップの「オオカミ少年」の話を使いながら授業を展開し、子どもたちがロールプレーを楽しみながらやっていました。

次は広州でのイマージョン教育で、理科のマグネットの授業です。最初に先生がマジシャンの格好をしてマグネットをつなげるショーをやります。その後、紙や一〇銭コイン、五銭コインはマグネットにくっつくか、子どもたちが仮説をたて、グループごとに実験をやるという授業です。まとめとして、磁石を使った応用として、リニアモーターカーがあるというように、日常から世界へと視野を広げていました。

農村地域での英語教育も紹介しておきましょう。湖北省の小学校を訪問した時ですが、雪が深く、部屋にストーブがなくて凍えそうな感じでした。しかし、そこでも『英語週報』を使いながら、英語教育を一生懸命やっていました。都市部だけではなく、英語学習熱が全国に広がっているということでしょう。また、都市部から来た元気の良い若い先生が、農村に派遣されて、子どもたちも活発に授業に参加していた学校もあります。

最後に、朝鮮族の事例を紹介しておきたいと思います。朝鮮族は、幼稚園段階から朝鮮語と漢語を学習します。吉林省延吉市のある朝鮮族小学校では、小学校四年生から週三コマの英語の授業が設置されています。朝鮮族の場合は、語学による民族振興に力を入れていて、朝鮮語、漢語に次ぐ第三言語となる英語教育にも熱心に取り組んでいました。

ただ、少数民族地域の場合、英語教育に課題があります。第一は、英語教師が不足している点です。第二は、言語教育に伴う負担です。たとえば朝鮮族の場合は、朝鮮語と漢語と英語になるので、かなりの重荷になります。モンゴル族の場合は、モンゴル語と漢語と英語です。そうすると、言語教育に多くの時間を割かなければならず、子どもたちにとって負担となります。

高校・大学進学において、英語は試験の主要科目です。現在、中国でも政策的に見直しが行われていますが、高校・大学進学の英語の試験が難しいのは確かです。先日も、北京市の高校の英語入試問題を早稲田大学の学生さんに見せたら、これはとても時間内ではできないと言われたぐらい量が多く、入試は難しいものがあります。これは、少数民族にとって、大きなハンディキャップになってしまいます。

たとえば、蘭州市の高校入試の英語試験問題を一例として持ってきました。（　）の中にaが入るか、anが入るか、theかという、細かい質問があり、難易度が高いものがあります。その場合、少数民族にとってみると、非常に不利な状態が生まれてしまうといえると思います。

また、付言すれば、習近平主席の下で、一帯一路構想が展開され、そのハードの側面を担うものとして、小学校英語教育が積極的に進められています。たとえば、ある北京の学校では、シルクロードをテーマとして、英語ミュージカルの創作に取り組みました。イギリスから演劇の専門家集団を招致して、半年間この学校に住み込んでもらい、児童に英語及び音楽のトレーニングを行って、半年後に大きな劇場で英語ミュージカルをやるといった本格的なものです。この英語劇をヨーロッパで上演するのだと、校長先生は語っていました。

中国の英語教育から見た日本の言語教育への提言

まとめにかえて、中国の英語教育から見た日本の言語教育への提言をしたいと思います。第一に英語教員の育成と研修です。中国の教育の現場を見せてもらったのですが、優れた教員は子どもたちが生き生きとする授業をやっており、やはり教員が重要と改めて考えさせられました。その意味では、日本においても教員の育成と研修、そのための予算の投入が必要なのではないかと思います。

第二ですが、多言語による外国語教育です。中国では英語教育とともに、少数民族の多様性を生かした言語教育も同時になされてきました。たとえばモンゴル族のモンゴル語、朝鮮族の朝鮮語などがあります。多言語に対応できるようにしてきた点は、重要だと思います。

第三に、イマージョンで集中的にやっていく、英語の環境に入っていくことが重要であるということです。その意味で、日常的な経験と結びつけながら、心と体を動かしながら英語、あるいはその他の言語を学ぶことが必要なのではないでしょうか。たとえば宿泊型のサマースクールといったものは、有効に思われます。

第四に、今後の言語教育においては外国語教育だけでなく、国語教育に関しても、ロジカルシンキングであるとか閲読、作文が非常に重要です。この点、中国の言語教育はかなりきちんとやっているという印象があります。

〈**参考文献**〉

新保敦子「現代中国におけるイマージョン英語教育に関する考察―陝西師範大学付属小学校での実践に焦点を当てて」『学術研究』六五号、二〇一七年二月、六九－八四頁

新保敦子「中国における一帯一路構想の下での小学校英語教育」『学術研究』六六号、二〇一八年二月、四九－六六頁

韓国における公立小学校英語教育—親の意識調査の分析から—

韓国明知短期大学青少年教育福祉学科客員教授　李　恩珠

自己紹介と発表の流れ

韓国の明知短期大学の李恩珠と申します。よろしくお願いいたします。まず、社会全体的になぜこれほど全国民、家族構成員全てが英語に命をかけて勉強しているのか、その背景を報告して、次に、教育熱としては少し低い公立小学校での英語教育の実態に関する調査結果を報告いたします。さらに、親の意識について説明いたします。

背景—韓国における「権力」としての英語—

まず韓国と日本の一番大きな違いは、日本は何となく自分の親の職を継いで、そこそこ暮らしていっても十分幸せで生きられるという社会的なイメージがあると私としては感じております。しかし、韓国は、向上志向というか、成功に執着する効率主義の高い国と言えます。その中で学歴が成功の早道であることに強い信念を持っています。それを換言すると、エリートになれないと生きていけない、厳しい社会であることです。結局は、アメリカに行って、その文化を持たないと出世できないということが、とても強い社会だと思います。ですので、韓国でエリートといえば、皆がその階層に入りたいし、そのためにはアメリカ、そして英語が話せないとできないことが、強い国だと思います。

つまり韓国では英語が意思疎通、コミュニケーションの道具というよりは権力であり、それは出世への近道、中産層以上の生活ができる決め手としてのイメージが強いです。元々一九九〇年始めぐらいまでは、韓国はそれほど厳しい社会ではありませんでした。しかし、一九九七年に経済的な危機である、ＩＭＦ（国際通貨基金）の管理下に置かれました。そのときに一〇〇万人以上が失職し、希望も失ってしまいました。大学さえ出れば職を得て生活ができた国だったのに、突然に職を失ったサラリーマンたちが必死になり、協調心や情のある社会から、格差の激しい競争社会になっていきました。江南という、名門校や名門塾が集まっているソウルの地域を中心に、特に専業主婦らにとって、財産増殖と子どもの教育が使命となりそれが全国に影響を与えていると言えます。

たとえば、韓国の首都圏の八〇名の母親を対象とした調査結果によれば、江南圏には、他の地域より専業主婦が多いです。高学歴のママたちが職を持っていないので、その情熱が教育に向かってしまいます。江南以外の地域では、パートやアルバイトをする比率が高い結果が得られました。

韓国の教育熱心なママのキーワードを「私教育熱」といいます。つまり学校以外の塾などの年間の私教育市場がとても大きいです。英語幼稚園が繁盛しており、二〇万円以上がかかっても英語幼稚園に通わせます。つまり、上流層にはアメリカ早期留学ブームが、中産層以下の階層では英語幼稚園が流行しているのです。また全国民的に早期留学ブームが起こり、韓国で仕送りパパたちの自殺問題などの社会的副作用が増加してしまいました。

国内で希望を失った人々が経済的難民となって海外に流出してしまいました。そして親たちはより子女教育に拍車をかけることになります。つまり「私がこれほど苦労しているのはお金がない、また英語ができないせいかもしれない」という理由で、親の子女教育に対する希望というか執着がとても強くなります。

八〇名の調査対象者は、公立学校であることから教育熱がそれほど高くない人たちでしたが、多くの人は学校外の教育費を、月に五万円以上使っています。中産層以上の人は一〇万円から二〇万円程度支払っていることがわかりました。

父親たちも人事考課のために退社後に英語塾に通うなど家族全構成員が英語の勉強をしている社会であると言えます。これに対してオスロ大学の朴教授は以下のように述べています。

「韓国において『英語』とは、『欲望』であり、『権力』となった。経済的な支配層の中でも英語ができる人、できない人と分かれ、被支配層の中でも英語ができて大企業の正社員になる人と英語ができずに労働者になる人とに分化してしまう。それが韓国の格差社会化に拍車をかけてきた」（EBSドッキュプライム放送分（二〇一五年二月二日））

ここまで全国民的な英語ブームの理由について申し上げました。

入試としての英語科目

二番目としては、入学試験科目としての英語です。多数の人文系の生徒にとって、英語の点数さえ高ければいい大学に入れることから幼児期から大学入試を目標とした英語勉強をしているわけです。日本のセンター試験にあたるものを、韓国では「大学修学能力試験」といいます。大学入試における選考の多様化によって、英語ができれば、それだけでも名門大学に入学できるようになりました。英語の点数が重要となりますので、冒頭から述べてきたような英語幼稚園や私教育熱があり、これは大学入試に備えてと言えます。また、国際中学や外国系高校の入試がより重要になります。つまり、私立の名門高校に入れば名門大学に入りやすいので、中学・高校入試、特に外国系高校への入試競争がより激しくなります。

二〇一九年度の大学修学試験問題をみますと、アメリカ人も解けないような難しい問題が出題されていて、ニュースとして報道されるほどの話題になりました。特に二〇一九年度から英語が絶対評価になることにより、英語の問題は段々と難しくなる可能性が高いと見込まれます。

公立小学校の現状

公立小学校における英語教育の現状について、①革新学校[1]の英語教育のビジョン、②教科内容、③公立の英語村の活性化と分けて報告いたします。

韓国では英語教育が小学三年生から導入されていますが、今まで申し上げた通り、韓国の現在までの教育は、公教育ではなく「私教育熱」によって担われてきたと言えます。つまり幼稚園から親の能力でできるかぎり、英語の「会話」や「読解・聞き取り」などの英語学習をさせて、学校の内申成績のために予習中心の塾が流行っています。それは年間規模二兆円を超えています。その結果、経済的な格差により子どもの大学や就職先が変わるという不平等の問題や子どもたちの心の病などの悪影響が漸次増加してきました。そこで現在の韓国では、詰め込み式教育や社会的な悪影響の反省から「革新学校」という新しい教育パラダイムが拡大しています。日本でいう「ゆとり教育」とそのカリキュラムとかなり似ています。つまり、教育の質的な平等や自律的な教育内容を実践するとともに、国からの支援金を受けて多様な体験やクラブ活動を進めていますが、多数の革新学校で私塾の英語プログラムを購入し、生徒らに無料提供するなど英語読書に力を入れています。そうした高価なプログラムを学校側が購入し、学校でいつでも利用できるので、革新学校内では、低学年の生徒が英語塾の利用率が低くなるなどの効果が出ています。学校で十分学べるからです。

教科書は簡単ですが、教科書と別の時間を設けて英語の本をレベルごとに読ませて、そのレベルの管理を英語教師が指導しながら行います。

今回の調査で公立学校の英語科目に対する不安点として、一番高い比率を占めたのが、「教師の能力」でした。韓国教育部は二〇一九年度から、公立学校へのネイティブ教師の増員を発表するなど、公立学校への投資が増えています。この革新学校に対する評価はまだ時期としては早いですが、実際に、革新学校の読書プログラムのみで、早期教育及び英語幼稚園から勉強した子より優秀な子が一部現れるなどの効果があり、親を変化させているのは事実です。また、大学入試

表１　公立小学校の英語授業のながれ

タイトル	教科書： Where is the museum?	英語読書プログラム “Mr. Putter & Tabby Pour the Tea?”
Introduction	1. Greetings 2. Motivation 3. Statement of Learning point 4. Guide of today’s lesson	Song video clip “Mr. Putter & Tabby” Slow Reading “Mr. Putter & Tabby”の中に道案内の内容を入れて新しいストーリーを作ってみる
Development	1. Activity1: Let’s Practice 2. Activity2: Let’s Think & Write 3. Activity3: Let’s Share	Bingo ワークシート グループごとにクイズを作る
Consolidation	Review today’s lesson Guiding the nest lesson & farewell	各自のレベルごとにポイントをチェック

でも高校入試でも、内申成績が重要となり、学校の英語科を重視しているために、英語私塾の利用率は下がる可能性もあります。

私が京畿道城南市にある公立学校に見学した際に配布された授業の内容をまとめてみました（**表１**）[2]。教科書は後でお見せしますが、Where is the museum? といって簡単な英語のタイトルなのですが、英語読書プログラムを含め、二つの英語を勉強するわけです。

革新学校で利用している英語プログラムのホームページには学校内での個人のランキングが示されています。そして全国のランキングも毎秒ごとに変わっています。自分のレベルに合わせて本を選んで、いつでも読んで問題を解く。その内容を英語の教師が個人ごとにチェックしてくれます。この学校では、クラスの平均レベルの本で授業をしています。

英語図書館も別に設けられていてパソコンが

できます。

三〇台ぐらいあります。そのパソコンで勉強でき、英語の本もレベルごとにあり、いつでも閲覧できます。

このように教科の内容を先生が教えて、みんなでワークシートを持ち歩きながら、遊ぶというか動きながら授業をしていました。面白かったことは、自分たちがミュージアムはどこにあるのか、道を探っていくというクイズを出し、他のグループの生徒が当てるという、積極的な授業のやり方でした。

この学校は公立学校ですが、中産層の集住地域にありますので、教育に関心が高い親も多いですし、三分の一ぐらいはアメリカの文化に親しんでいる子が多くて、むしろ英語が上手な生徒たちはまったくしゃべりません。そもそも教科書自体はとても簡単過ぎて、つまらなくて何も発言しないのです。レベル差があまりにも著しいので、教師も教え方がとても難しいです。優秀な児童のためにはレベルが高い本といったように、習熟度レベルごとにその子に合わせて教師が個人的に指導しています。

特に革新学校は英語文化を体験する機会のない地方学校の生徒には高く評価されて、首都圏よりは地方において、人気が高いです。

最後に、地域に広がる公立の英語村の運営が挙げられます。「英語村」とはそもそも二〇〇〇年の始めぐらいに人気があって、郊外にとても大きな英語村がつくられ、月二〇万円以上の学費を払う「国内留学」として賑わっていた時期がありました。海外留学が増えることによって衰退しましたが、現在は公立化して、無料で利用できるようになった点が大きな変化だと思います。

公立学校で二〜三カ月に一回英語村に行って、一日中無料でイマージョン英語体験ができます。そして、冬・夏休みの間にも個人的に利用できます。市立や道立という公立の施設が増加していることがわかりました。

英語に関する親の意識調査

最後に親に対する意識調査結果ですが、八〇名の親の中で、「希望する子どもの学歴」に対して、四年制大学が四六名、院生以上が二七名として、七三名という、圧倒的な多数が高学歴志向であることが改めてわかりました。また、「望ましい英語学習の開始時期」に対しては、〇から二歳までが一二名、三から五歳までが二七名として、乳幼児時期が高い結果が出ました。その理由については多数が「発音」を挙げており、発音を大切にする韓国文化がよくわかると思います。そして、「英語学習の機関」については、三九名が学校や塾の両立を挙げているが、比較的に「学校のみで十分」という答えも一九名と増えてきたのも大きな変化だと思います。しかしその反面、公立学校の英語教科目に対する不安に関して、教師の能力、ネイティブの不足、学習内容などの項目で、三〇名以上が「とても不安」、「やや不安」と挙げていることがわかりました。一方、「他科目をおろそかにする」という項目には、「全然不安ではない」や「あまり不安ではない」が五〇名と多数が選んでおり、小学校において一番大切な科目はやはり英語であることが確認できました。

最後に親自身に対する設問の結果ですが、韓国では、「教育文化＝親文化」といえるほど親、

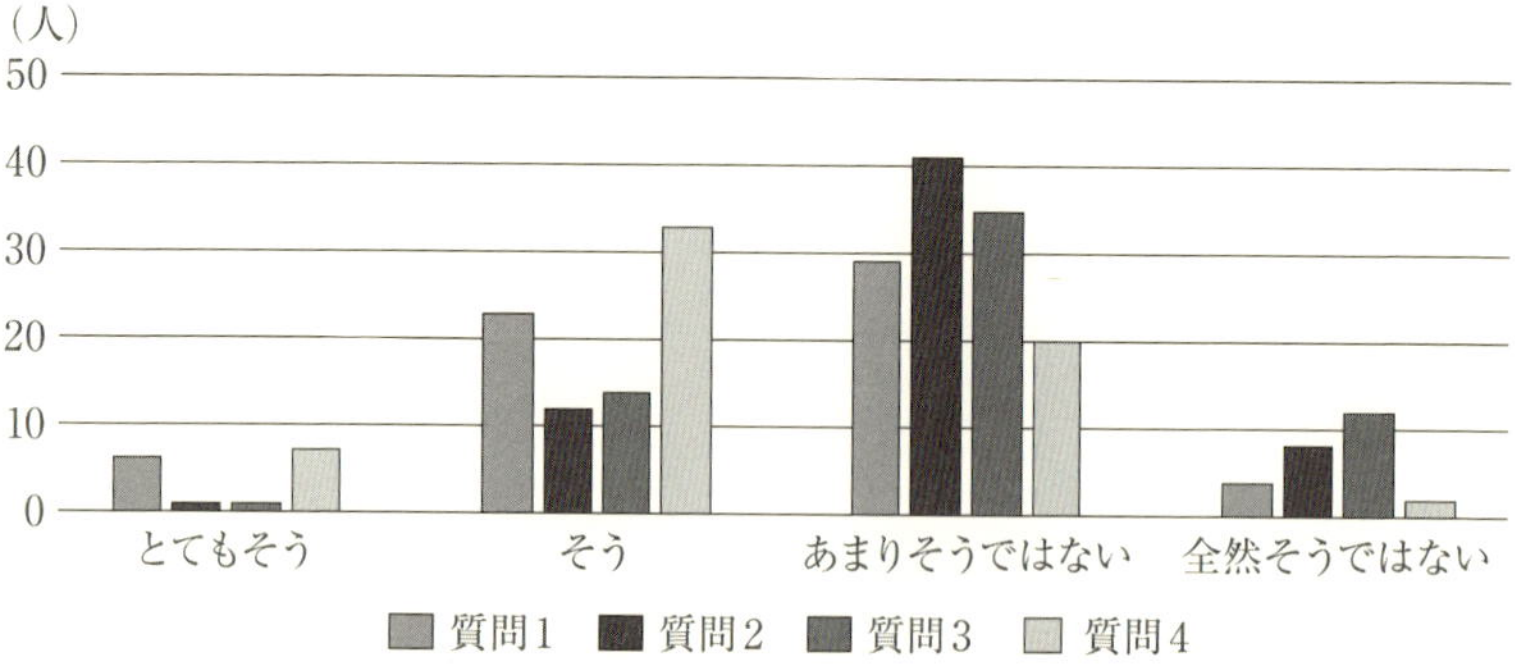

図1　親の英語に対する意識調査

特に母親の社会的な影響力が大きいです。**図1**をご覧ください。親（主に母親）自身は、1．英語が好きですか、2．英語に自信がありますか、3．英語の教育は効果がありましたか、4．英語のために苦労したことがありますか、という四つの質問に対する答えを順番から棒グラフで示していますが、一から三番の項目で、「あまりそうでもない」が多くみられます。ただ、「英語に苦労したことがありますか」に対してのみ、四〇名が同意していることがわかりました。

韓国社会における「学習」とは、「大学入試」や「就活」に直結します。というのは、入試のみならず、就活において英語はとても肝心な決め手となります。入社後に使わなくても、あらゆる資格証を出すと就職に有利になりますし、特に英語のＴＯＥＩＣ試験は必須で、すべての社会人が苦労していると思います。これが全国民的に英語の勉強に必死になっている理由だと言えます。

今回の私の調査は、全て公立学校を対象としているにもかかわらず、公教育への不信感などの理由で、相変わらずみな子どもを塾に通わせています。低学年の時期にはあまり英語を重視しなかった親でも、子どもが高学年になるにつれ不安になり、英語学習をさせる比率が高くなっています。

今までは早期留学が多かったのですが、今は家族ぐるみの移民が急増しています。従来は「英語学習のため」が主な移住の理由であったとすれば、現在、韓国の教育への不信感から、特に上流層の人々を中心に留学や移民が増加しています。革新学校が増えることによって（自由時間の余裕が増えるため）、短期留学が増加していることも傾向として見られます。

社会及び教育の不平等の解決は、韓国社会における長年の念願でした。韓国教育部の大きな目標である教育改革における課題は、公教育の質的な向上や、教育平等と言えます。これからも公教育における英語教育への投資は益々増えてくると思います。また、現在韓国では急速に少子化が進んでいます。こうした社会的な変化も大切だと思います。そして政治情勢の変化により、英語に集中していた国民たちがロシア語及び中国語などへ幅広い視野を持ち始めたのも大きな変化だと思います。もちろん、英語科の絶対評価が実施されることによって、高難度の英語の塾も繁盛するけれども、同時に読解力のために国語の塾も繁盛している、というのが現状です。

これまでは入試科目としての英語学習への私的な投資が多かったとすれば、これからは、グローバリゼーション時代における、コミュニケーションとしての英語学習へと変わってくると思います。

まとめ

最後に、今後の展望です。まず、楽しんで学べる英語ゾーンが拡大し、地方自治体における公立としての、無料で利用できる英語学習が拡大していきます。そして革新学校の増加により公立学校における英語科目への投資が益々増えてくると見込まれます。

格差社会における教育の質的な平等のために、全体的に塾に通わずに勉強ができる英語教育に変わっていくのではないでしょうか。大学入試科目としての英語についても、読解及びコミュニケーション能力が評価されるような問題へと変わる必要があるでしょう。

進学や就活のために全国民的に英語に集中してきましたが、これからは実生活に必要なコミュニケーションの道具としての、生きている英語教育へと変わると思います。そして、英語のみならず、日本語や中国語をはじめ、アジア言語への投資や関心が最も必要になる時期だと思います。

〈注〉

（1）　革新学校。韓国の公立小中高校における自律的・民主的な学校運営を実践する学校として、二〇〇九年度に京畿道に導入され、全国的に拡大。年間政府からの支援金を受けて多様なサークル活動及び体験活動ができると同時に、カリキュラムにおいて校長や教師の自律的な運営が許可されている。現在ほとんどの革新学校では、私塾の英語教育プログラムを購入して無料で生徒に提供している。

（2）　韓国の京畿道城南市盆唐區所在の公立小学校（革新学校）〝炭川初等學校〟の五年生の英語授業（二〇一八年一〇月一一日見学）

〈参考文献〉

康俊晩（二〇〇九）『入試戦争残酷史』人物と思想社
康俊晩（二〇〇九）『オモニ受難史』人物と思想社
九鬼太郎（二〇〇九）『超格差社会』扶桑社
金ギョングン（二〇一七）「教育熱現象としての低出産」『韓国教育社会学研究』第二七巻　第二号
金美淑（二〇一五）「中産層密集地に居住する中産層親たちの子女教育文化」『韓国教育社会学研究』第二五巻　第三号
成惠映（二〇一三）「韓国における専業主婦家庭の私教育費支出と私教育時間をめぐる考察」日本家政学会研究発表要旨集　第六五大会
李恩珠（二〇一八）「韓国中産層女性の教育熱と生活の質に関する研究」『韓国学父母研究』第一五巻第二号
韓国統計庁（二〇一八）「二〇一七年度小中高の私教育費結果報道資料」
韓国京畿道教育庁（二〇一三）「革新学校への満足度調査結果」
ＥＢＳ（二〇一三年一一月二五日放送分）ドッキュプライム〝韓国人と英語・英語に対する欲望〟
ＪＴＢＣ（二〇一八年一一月一九日放送分）〝アメリカ人も解けない二〇一九年度大学入学試験の三三、三四番問題〟

日本における小学校英語教育
―高学年外国語教科化への課題―

聖学院大学人文学部欧米文化学科教授　東　仁美

小学校英語教育の変遷

聖学院大学の東と申します。本日はこのような機会を頂き、誠にありがとうございます。私の専門は小学校英語教育ですので、私からは二〇二〇年に完全実施となる小学校高学年の外国語教科化の経緯、そしてその内容、それから教科化へ向けての今後の課題についてお話しさせていただきます。

最初に日本の公立小学校での英語教育の変遷を見ていきましょう。まず、二〇〇二年の学習指導要領改訂から振り返ります。「総合的な学習の時間」が新設され、国際理解教育の一環として、英語活動が公立小学校に初めて導入されました。二〇一一年の学習指導要領改訂では、高学年に週一回の外国語活動が必修化されました。文部科学省が開発した共通教材が小学校高学年児童に無償で配布され、各小学校にはデジタル教材等も配布されました。

このような教材や、文部科学省が作成した学習指導案の助けを借り、また、学級担任がＡＬＴや日本人外部指導者に助けられながら、外国語活動の授業を何とかやれるようになってきた、ということが必修化八年目の現状だと思います。

今後、二〇二〇年に改訂される新しい学習指導要領では、小学校中学年では外国語活動が必修化、高学年では外国語が教科化されます。なお、教科名としては「外国語」ですが、学習指導要領でも「外国語科においては、英語を履修させることを原則とする」とされていますので、本発表では「小学校英語の教科化」という表現を使うこととします。

小学校外国語が教科化になる段階で諸外国における外国語教育の状況に関する資料が文部科学省からしばしば提示されました。これだけ東アジア諸国の英語教育は進んでいるので、日本も小学校での英語を教科化してもいいのではないかという説得力のあるデータとして示されてきました。中国では二〇〇一年に三年生から週四回、韓国では一九九七年に三年生から導入され、二〇〇八年以降は中学年で週二コマ、高学年で三コマの授業時間が設けられています。台湾でも二〇〇一年に三年生から週二回の英語の授業が開始されています。

二〇一六年、小林先生に同行させていただき、中国西安の小学校で英語の授業を見学する機会を得ました。中国では、一七年前に英語が必修化された頃の三年生が、小中高で英語を学び、大学院で早期英語教育について研究し、今小学校現場で英語を指導する年齢になっています。高い英語力を持つ中国人英語教師が素晴らしい授業をしているのを見て、日本の小学校英語教育は東アジア諸国に二〇年後れを取っていることを実感しました。

日本では二〇〇二年に英語活動が導入されて以来、学級担任が授業をできるか、教材が整っているか、児童が英語嫌いになっていないかと目を配りながら、非常に慎重に進められてきました。

日本の小学校英語はスモールステップで、今回の学習指導要領の改訂まで、3段階でゆるやかに導入されてきました。中国や韓国に大きく後れを取ったとしても、小学校現場の実情に配慮しながら、一歩一歩進めてきたことはよかったと個人的には思っています。

高学年外国語の教科化に向けて

二〇一三年に「グローバル化に対応した英語教育改革実施計画」が策定され、この計画をもとに二〇二〇年の東京オリンピック・パラリンピックを見据えて、新たな英語教育の本格展開を目指してきました。この段階では、小学校高学年の外国語は週三時間という計画でしたが、最終的には週二時間で落ち着きました。

図2は、外国語教育の抜本的強化のイメージです。新たな外国語教育では、外国語を使って何ができるようになるかという観点から、国際基準であるＣＥＦＲ（Common European Framework of Reference for Languages: Learning, teaching, assessment ＝外国語の学習・教授・評価のためのヨーロッパ言語共通参照枠）を参考に、小・中・高等学校を通じて五つの領域、つまり聞くこと、話すことは［やり取り］と［発表］という二領域、そして読むこと、書くこと、それぞれの目標を設定して、外国語教育を抜本的に強化しようとしています。小学校の学習指導要領の完全実施が二〇二〇年、その後二〇二一年が中学校、二〇二二年が高等学校ということで、小・中・高とつながる日本の英語教育の改革が進められます。

小学校段階での学習内容についてフォーカスしてみますと、高学年では段階的に読むこと、書

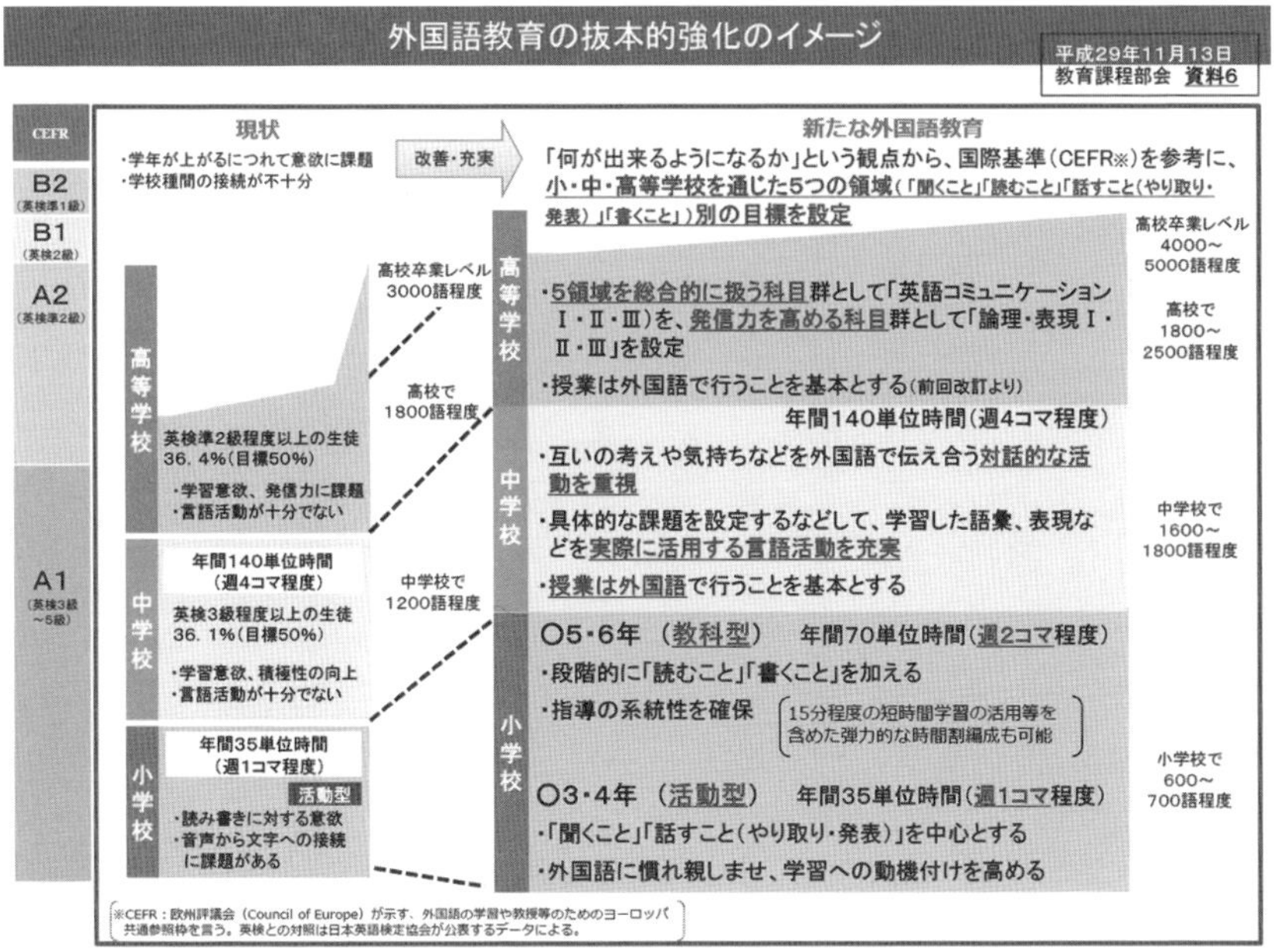

図２　外国語教育の抜本的強化のイメージ

出所）文部科学省（2017）

くことが加えられ、教科として系統性を持たせた指導が行われることになります。四五分の単位時間が取れない場合、一五分程度の短時間学習の活用等も含めた弾力的な時間割編成も可能とされていますので、年間七〇単位時間をどのように確保するかということも、今後の課題です。一方、中学年では、聞くこと、話すことを中心に、外国語に慣れ親しませ、学習への動機付けを高めることが求められています。

　ここで短時間学習について少し触れておきたいと思います。教科化される高学年の外国語で年間七〇時間を確保するために、短時間学習の導入も検討されています。

一般的に公立小学校での授業数は週二八時間程度と考えられていますので、現在の時間割に外国語が週単位でもう一時間入ったときに、どこで時間を確保するのか、一〇分から一五分ほどの短い時間で実施するモジュール学習もひとつの選択肢であり、この時間確保の問題は「カリキュラムマネジメント」として今後の検討課題になっています。時間の確保のために夏休みを短縮したり、あるいは土曜日授業を月に一回程度実施したりする学校も多くなっているようです。

図3は、小学校外国語教育に係る新教材作成についての資料です。新学習指導要領に円滑に移行するために、二〇一八年度と二〇一九年度の移行期間は必要最低限の内容を指導します。二〇一八年の四月に文部科学省から新教材が配布され、移行期間の学習内容例に沿って、新しい学習が始まっています。時系列で示された部分ですが、四月から移行期間に入り、文部科学省が作成した三・四年生用の『Let's Try!』、五・六年生用の『We Can!』が児童に配布され、各学年の指導書が学級担任に配布され、デジタル教材も各学校に配布されています。高学年の外国語では、二〇一七年度までに各教科書会社が教科書を作成し、二〇一八年度検定作業に入っています。二〇一九年度に教科書が採択され、二〇二〇年度には採択された教科書が配布されます。

次に移行期間のポイントについてですが、高学年はこれまでの三五時間に一五時間が加わり、五〇時間になります。これまでの外国語活動の内容に加えて、教科としての外国語の内容を扱うことになります。一方、中学年は、新たに年間一五時間を確保することになります。移行期間の二年間は、「年間授業時数及び総合的な学習の時数から一五単位時間を超えない範囲の授業時数を減じることができる」とされたため、この時間の確保は何とかできています。中には年間七〇

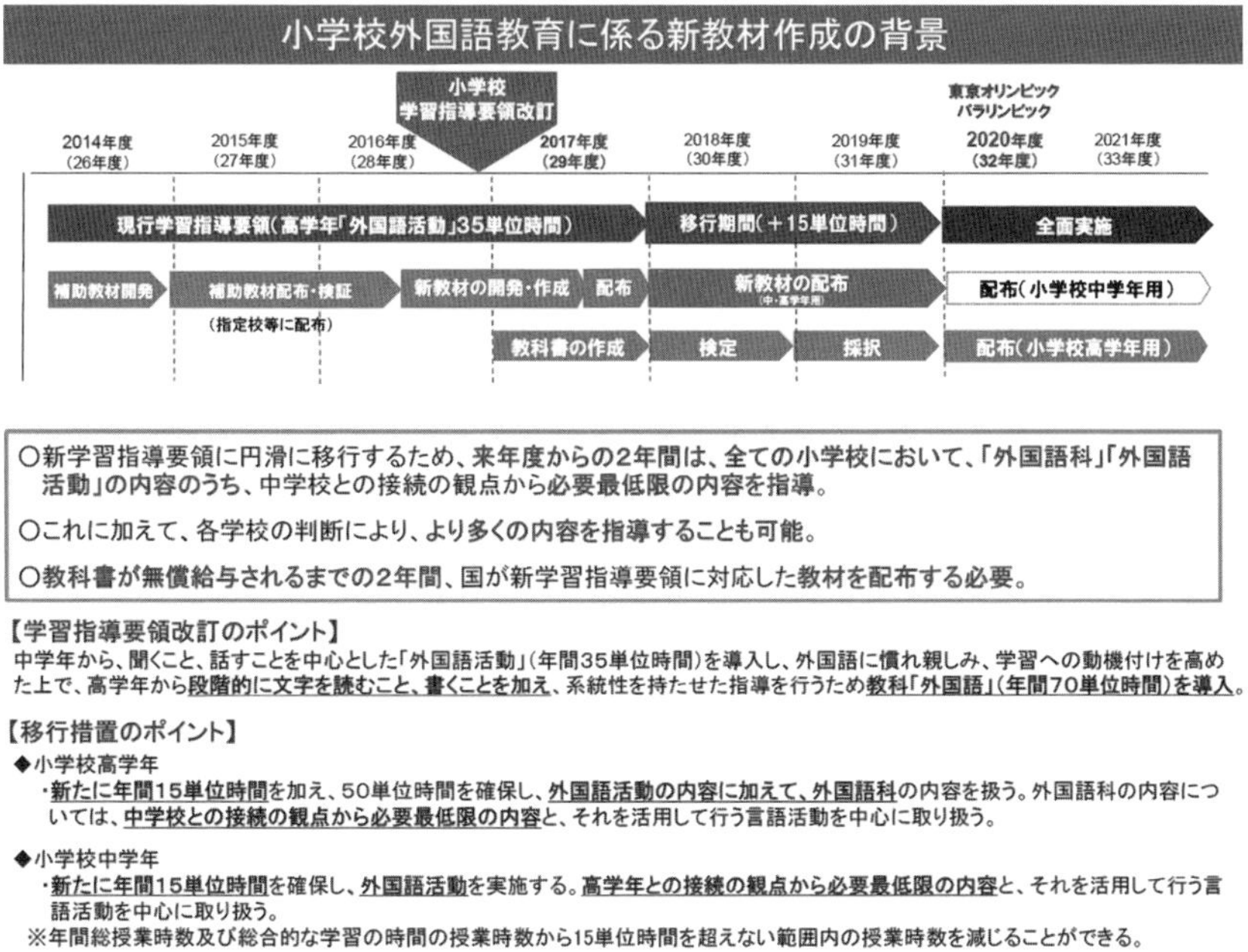

図３　小学校外国語教育に係る新教材作成の背景

出所）文部科学省（2017）

時間、週二回程度で実施している学校もあるようです。

小学校外国語の教科化に向けての教員養成・教員研修について少しお話ししておきます。外国語（英語）教育のコア・カリキュラムが二〇一七年に公表され、小学校教員養成課程では、二〇一九年度から新カリキュラムの下、外国語の指導法と外国語に関する専門的事項を扱う授業が必修化されることになりました。

コア・カリキュラムの小学校教員研修では、基礎・発展・推進と、教員の指導経験に合わせて研修の内容が示されています。「指導に必要な知識・技能」「英語力」「授業研究」の三項目の内容が明示されていますが、「英語力」について、「英語力・指導力をさらに向上させ、メンターとして後進の指導にあたる」という推進レベルでは「児童の理解に合わせた適切な言い換え」、英語でいわゆるリキャスト（recast）をすることや、「児童の発話や行動に対する即興的な反応」も挙げられています。「即興的な」という言葉は学習指導要領にも何度も出てきますが、英語を使うことに慣れていない学級担任の先生にとっては、その場で言い換えたり、反応したりすることは、それほど簡単ではないと思います。目指す英語力に対する研修方法が問われます。

図4では、学習指導要領の改訂の方向性について見ていきます。学習指導要領が「学びの地図」としての役割を果たすことができるよう、「何ができるようになるか」「何を学ぶか」「どのように学ぶか」の枠組みの改善を試みました。そして、育成を目指す資質・能力を明確化し、「生きて働く知識・技能の習得」「未知の状況にも対応できる思考力・判断力・表現力等の育成」「学びを人生や社会に生かそうとする学びに向かう力・人間性等」の三つの柱に整理しました。

この中で、「どのように学ぶか」について少しお話しします。「主体的な学び」「対話的な学び」「深い学び」がキーワードになりますが、アクティブ・ラーニングの視点は外国語活動との相性がとてもいいと思います。一昨日、授業見学をした小学校では、オリンピック・パラリンピックを題材として、自分が勧めたいスポーツを、コンダクターとしてタブレットを使いながら発表し、クラス全体でベストコンダクター賞を選ぶという活動をしていました。主体的な学びということでは、どういうことがグッドコミュニケーションなのかをクラスで考え、たとえば相手が言ったことに反応した方がいいとか、心を込めて言うことが大切だということを話し合いなが

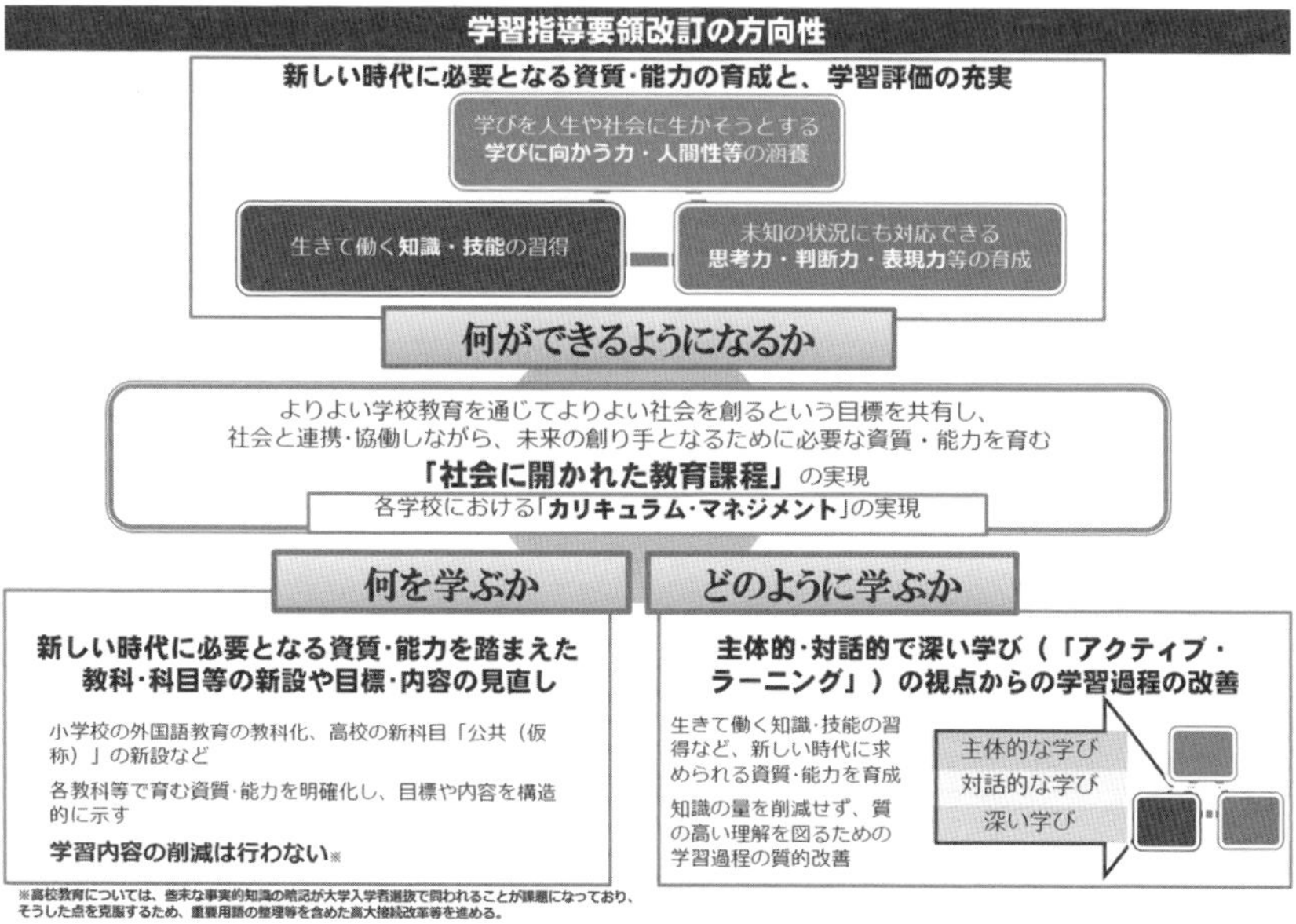

図4　学習指導要領改訂の方向性

出所）文部科学省（2016）

ら、自分たちで考えた標語"With all my heart"（心を込めて）を意識して、発表活動していました。この学校では、総合的な学習の時間と連動させ、スポーツの競技の内容やオリンピックの歴史などを勉強することで学びを深めた上で、外国語活動ではお勧めのスポーツについて児童全員が英語で堂々と発表していました。

対話的な学びについては、伊豆諸島のひとつである利島《としま》の小学校での授業をご紹介したいと思います。今週見学したのは、六年生の"I like my town."という単元でしたが、住んでいる町に何があるかを考え、発展活動で自分の町について発表していました。利島は一周八キロ、人口三〇〇人、小学生三〇名という小さな島です。授業では町にあるものとないものを考えていきますが、この島ではないものが次々と出てくるんです。たとえば、We don't have a convenience store. We don't have a library. We don't have a station. We don't have traffic lights. など東京だとあって当たり前のものばかりです。利島村も東京都なんですが。

それでも、「利島にあるものは何?」と学級担任が児童に問いかけると、きれいなツバキがたくさん咲いている山があるとか、伊勢エビがたくさん取れるとか答えていました。次に、もし図書館があったら何がしたいかという問いに、ある男の子は「好きな漫画の全巻を1日かけて読みたい」と、また、駅があったらどうしたいという問いに答えた女の子は「大島まで電車で行けるようにしたい」と言っていました。こういうことを問いかけながら、学びにつなげていくのが対話的な学びではないかと思いました。

小学校外国語・外国語活動の概要

新学習指導要領の高学年外国語では、三つの柱である「知識及び技能」の習得、「思考力、判断力、表現力等」の育成、「学びに向かう力、人間性等」の涵養、のそれぞれに関わる目標を明確に設定しています。

そして、領域ごとの目標も明確に示されています。たとえば、高学年外国語では、「読むこと」と「書くこと」が新たに導入されますが、「読むこと」では、文字を識別し、その読み方、つまり、「"a"という文字を見たら[ei]と発音することができるようにすること」が目標の一つとして示されています。「読むこと」の内容では、学習指導要領解説によると、「文字には名称と音があることに気付かせること」は大切であるとされていますが、発音と綴りを関連付けて指導することについては中学校外国語科での指導内容になると示されています。

また、「書くこと」の目標では、「語順を意識しながら音声で十分に慣れ親しんだ簡単な語句や基本的な表現を書き写す」ことが挙げられています。たとえば、先ほどの“I like my town.”の単元で“We don't have ~.”という文章を書く場合、選択肢として station が示されていて、station という語句を四線に書き写す、ということになります。

四線を使って書くことはなかなか大変なのですが、利島小学校の六年生九人は、全員が四線の真ん中のスペースを基準に、本当にきれいな文字を書いていました。今年に入って書くことを指導し始めたのだそうですが、多分、九人という少ない児童を先生がじっくり指導できるので、丁寧に書き写すことができているのでしょう。学校によっては、利島小学校のようにスムーズに書く活動を導入できているところもありますし、四線の使い方がわからずに、全く違う線のところに文字を書いている児童がいたりする授業もよく見かけます。

参考資料として、『小学校学習指導要領解説』、それから『Let's Try!』、『We Can!』は、それぞれの児童用冊子と指導編が市販されています。また、「研修ガイドブック」は市販されていませんが、文部科学省のホームページからダウンロードができます。

文部科学省もいろいろな支援をしています。移行期間中のために、平成三〇年度使用新教材ダウンロード専用サイトが開設されています。学校関係者はＩＤとパスワードがあれば、このサイトからいろいろな教材や資料を得ることができます。これは専用サイトでダウンロードできるワークシートですが、授業で適宜使えるように、たとえば六年生の最後の単元では、文の一部分が四線になっていて、語句を書き写して、どんな中学校生活にしたいかを児童が書けるようになっています。

それ以外に、学習指導案や年間指導計画例などかなりいろいろな資料がこの専用サイトからダウンロードできます。その他、文部科学省はYouTubeで“MEXT channel”を開設していますが、その中でSmall Talk（指導者が導入で紹介する身近な話題についての簡単なスピーチ）のモデルや、クラスルーム・イングリッシュの音声が聞けます。また、スピーキングのトレーニングでは、目標言語を学級担任が英語らしく言えるように練習ができるサイトもあります。それから、発音トレーニングではリズムに合わせながら、［s］と［sh］の発音練習ができるようなものがあります。

ご紹介した学校関係者専用のサイト以外にも、「小学校外国語　新教材」でインターネット検索をすると、文部科学省のサイトで指導案などがダウンロードできるようになっています。公表されている指導案では、一枚目に単元名と単元目標、関連する学習指導要領における領域別目標が示されています。単元計画には一時間ずつの簡単な活動例が提示されていて、その後に各単位時間の細案があります。

移行期間中の学習内容についての例としては、六年生で五〇時間授業を実施するということで、たとえば、現行の学習指導要領で使われている『Hi, friends!』で“I can swim.”を扱った後、『We Can! 1』で導入される三人称he, sheについて、二時間学習するように提案されています。六年生の後半では、過去形にある程度触れてから中学校へつなげられるように、"My Summer Vacation" と "My Best Memory" の単元を扱うなど、かなり練られた五〇時間の指導計画が示されています。

また、文字の導入も、今後年間七〇時間で指導した場合は、五年生の Unit 1 で活字体の大文字を識別して読む、Unit 2 で大文字を書く、Unit 3 で活字体の小文字を識別して読む、Unit 4 で活字体の小文字を書く、そして Unit 5 では文字には音があることに気付くというようにスモールステップで、体系立った計画が示されています。先ほど音と綴りのところまでは小学校段階では扱わないとお話ししましたが、初頭音の気付きまでは小学校で扱っています。文字を見ながら初頭音を頼りに何となく読めるようになるところまでは、小学校外国語の「読むこと」で目指す内容となっています。

まとめ

小学校外国語の教科化に向けて、本当にいろいろな課題が山積していますが、まず教員養成・教員研修を充実させること。また、指導体制ですが、教員養成課程で外国語の指導法を学んでいない学級担任が授業を主導できるようになるためには、ＡＬＴあるいは日本人外部指導者、そして専科教員などによる支援が必要となります。指導体制の更なる充実は、今後の大きな課題の一つです。

中国や韓国の英語教育と大きく違うところは、日本の小学校英語教育が知識・技能一辺倒でないことだと思います。私がいつも考えていることは、日本の小学校英語教育では学級運営を大切にしながら、子どもと子ども、あるいは子どもと先生のより良い触れ合いや関わり合いを育むために外国語をうまく活用している、そういう意図がすごくあるのではないかということです。

小学校外国語が教科になって、子どもたちが英語に対する興味・関心を高め、動機付けられて中学校での学習を始めるような、そんな英語教育ができたらいいなと思っています。子どもたちがわくわくするような授業を展開するためには、教材研究が不可欠です。特に検定教科書が出てからは教材研究が肝要です。学習状況の評価も喫緊の課題です。

いろいろ課題はありますが、長年小学校英語教育に関わってきた私としては、子どもたちが自信を持って英語を学んでいくために、今の時間数が三倍になることでいい方向に進んでいくことを願うばかりです。今日お集まりくださった先生方におかれましても、小学校英語教育が今後どうなっていくのか、今の子どもたちが十数年後の日本の社会でどう活躍するかということを、長期的に見守っていただければ幸いです。

以上で発表を終わります。どうもありがとうございました。

〈**参考文献**〉

東京学芸大学（二〇一七）「文部科学省委託事業『英語教員の英語力・指導力強化のための調査研究事業』平成二八年度報告書　外国語（英語）教育コア・カリキュラム」
http://www.u-gakugei.ac.jp/~estudy/report/index.html

文部科学省（二〇一五）「小学校英語の現状・成果・課題について」
http://www.mext.go.jp/b_menu/shingi/chukyo/chukyo3/053/siryo/_icsFiles/afieldfile/2015/05/25/1358061_03_04.pdf

文部科学省（二〇一六）「教育課程部会　総則・評価特別部会（第十回）配布資料　資料1」
http://www.mext.go.jp/b_menu/shingi/chukyo/chukyo3/061/siryo/1374453.htm

文部科学省（二〇一七）「教育課程部会（一〇八回）資料6『外国語教材 We Can!（高学年用）説明会資料』」
http://www.mext.go.jp/b_menu/shingi/chukyo/chukyo3/004/siryo/1398488.htm

文部科学省（二〇一八a）「新学習指導要領に対応した小学校外国語教育新教材について」
http://www.mext.go.jp/b_menu/shingi/chousa/shotou/123/houkoku/1382162.htm

文部科学省（二〇一八b）『小学校学習指導要領解説　外国語活動・外国語編』開隆堂出版

イマージョン教育について
―日本の小学校英語教育への展望―

早稲田大学教育・総合科学学術院教授　原田　哲男

要　旨

バイリンガル教育の形態であるイマージョン教育の観点から、日本の小学校英語教育への示唆について考えます。イマージョン教育とは何かを定義し、北米、ヨーロッパ、日本、中国における「イマージョン教育」の例を挙げ、その歴史と地域による特徴を踏まえて、イマージョン教育が日本の小学校の英語教育にどのような示唆を与えるかを検討します。最後に、将来の日本の小学校における外国語教育への四つの提言（目的に応じて選択できる外国語教育、内容と言語を統合した早期外国語教育、多言語教育の重要性、地域に根ざした共生の外国語教育）を行います。

イマージョン教育とは

イマージョンという言葉を、最近いろいろなところで耳にしますが、その使い方や意味は非常に曖昧です。イマージョンが始まった北米ですら、この言葉の使い方はいろいろあります。イマージョン教育は、最近英語教育で話題になっているＣＬＩＬやＣＢＩに深く関係があります。

ＣＢＩとはContent-Based Instructionという「内容重視の教育」で、ＣＢＬＴ（Content-Based Language Teaching）と言われることもあります。ヨーロッパではＣＬＩＬ（Content and Language Integrated Learning）ということばが一般に使われ、「内容言語統合型学習」といって、最近になってかなり日本の小学校、中学校、高校、大学でも実践されています。

ＣＢＩ、ＣＢＬＴ、ＣＬＩＬ（以後、ＣＢＩに統一）は外国語のカリキュラムをどのように組むかに関わり、カリキュラムに対するアプローチと考えてもいいと思います。内容、たとえば学校でいえば教科の内容を学習しながら、体系的に言語も学ぶという方法です。このＣＢＩで大切な点は、「内容」と「言語」のバランスをどう考えるかです。たとえば、外国語の教科書を見ると、必ず公害、環境、人種差別のような内容があり、その内容を表現するための言語（過去形、比較など）が存在します。言語と内容は、ある意味では切り離せない関係にあります。言語中心でいくのか内容中心でいくのか、その間には無数のバリエーションがありますが、より内容を中心に捉えているのが、イマージョン教育です（Snow, 2014）。すなわち、イマージョン教育は、内容重視のＣＢＩと捉えることができます。

イマージョン教育の形態

イマージョン教育は、北米の定義ですと、「カリキュラムの少なくとも五〇％以上の教科指導を、母語以外の言語で行うプログラム」（CAL, 2015）です。イマージョン教育には二つの形態があります。ひとつは、一方向イマージョン教育で、「one-way immersion」といいます。静岡県の加藤学園や群馬県のぐんま国際アカデミーなどがその例です。一方向イマージョン教育の特徴は、先生だけが英語話者で、生徒全員が英語の学習者のため、外国語イマージョンとも言われます。

もうひとつは、最近アメリカで増えているのが、双方向イマージョン教育「two-way immersion（TWI）」ですが、これはまだカナダや日本にはありません。アメリカでは継承言語教育としても機能していて、非常に多くの双方向イマージョン教育が存在します。たとえば、英語を母語とする児童・生徒と、イマージョン言語（スペイン語など）を家庭で使っている児童・生徒がほぼ半分ずつひとつのクラスを構成し、先生からのインプットだけでなく、児童・生徒同士のインタラクション（交流）を通し、二言語によりお互いの言語と教科内容を双方向で学ぼうというカリキュラムです。日本語の双方向イマージョン教育の例を挙げると、カリフォルニア州ロサンゼルスには、日系人や転勤などの理由で日本から来た日本語話者の子弟を対象に、公立小学校で双方向イマージョン教育を実施しています。

また、イマージョン教育はいつから始めるかで、三つに分類できます（Hamayan, Genesee, & Cloud, 2013）。早期イマージョン（Early immersion）は、幼稚園または小学校一年生から開始するタイプで、日本の英語イマージョン教育でも、このタイプを採用しています。中期イマージョン（Delayed immersion）は、小学校四年生または五年生から開始するタイプで、ほとんど日本にはありません。さらに、後発イマージョン（Late immersion）というタイプがあります。小学校のうちにイマージョン言語の基礎をしっかり身に付けておいて、中学校からイマージョン教育をしている学校に入れるという方法もあります。

イマージョン教育の特徴

イマージョン教育の特徴は、次のようなものが挙げられます。

1. 学習言語（教科指導の言語）が母語以外である。
2. カリキュラム内容は学習言語が母語である現地のカリキュラムに従う。
3. 母語での学習も十分時間を取る。
4. 母語と外国語の両言語の発達を促す。
5. イマージョン言語の使用は、クラス内のみとなる。
6. 入学した際のイマージョン言語のレベルは全員ほぼ同じ。
7. イマージョンの教師は、教科を教えるのに十分な言語力がある。
8. クラス内の文化は、その地域の文化である。

(Fortune & Tedick, 2008; Swain & Johnson, 1997; Swain & Lapkin, 2005)

イマージョン教育の成果

イマージョン教育では、言語学習以上に注目されるのが、母語以外で行われる教科学習の成果です。一般に、普通の学校で母語で学んでいる生徒と比較しても、イマージョンの生徒の教科の成績は、ほぼ同等であるか、あるいは母語で学んでいる生徒よりも優れている場合もあると報告されています（Bournot-Trites & Reeder, 2001）。

また、イマージョン言語（外国語）の学習ですが、たとえばフランス語イマージョンに在籍している英語話者のフランス語のレベル、または日本の英語イマージョン教育の児童の英語レベルは、母語話者のレベルには達しませんが、伝統的な外国語教育の形態で学ぶよりも、十分に使えるレベル（functional bilingual）に到達できると言われています（Hamayan, Genesee, & Cloud, 2013）。

もうひとつは母語の発達です。最初は母語のみで学習している児童・生徒よりも劣るが、三年生までには同等な能力になる（Turnbull, Lapkin, & Hart, 2001）ということが言われています。いろいろなタイプのイマージョンがありますが、北米のイマージョンは、幼稚園と小学校一～二年生で九〇％ぐらいの教科を外国語で指導し、一〇％から二〇％を母語で行うイマージョンが多いのでこういう結果が出てきているのですが、三年生ぐらいになると、母語とイマージョン言語の割合が五〇％・五〇％になり、両方とも同等な言語能力になるということがわかっています。

最後に、イマージョン教育では、文化受容が高まり、異文化に対して、非常に肯定的な態度や行動が取れて、自尊心も高まるという研究も報告されています（Christian, 1994）。

各国のイマージョン教育の比較

北　米

イマージョン教育の発祥地である北米は、継承言語教育としてのイマージョンと外国語教育としてのイマージョンがあります。継承言語教育とは、家族や移民の言語や外国人コミュニティーで使われている少数派言語を維持さらには発達させるための教育です。北米などでは、たとえば家族の言語は中国語で、社会では英語が使われていて、家庭の言語と学校の言語が異なることが多く、英語圏に長くいると、家庭で使われている継承言語は一定の能力まで到達できるが、それ以上は伸びないということがよく観察されます。それでは折角の言語能力、文化の遺産を後世に伝えていくことができないため、継承言語教育を行っているイマージョン教育に入学させることで、家庭の言語をさらに発達させるという目的が、米国のイマージョン教育にはあります。

もうひとつの形態は外国語イマージョンで、両親が全くその言語や文化にルーツがなくとも、子どもを日本語、フランス語、中国語などのイマージョン教育に入れたりすることもあります。外国語イマージョンは、このようにプログラムに入学するまで目標言語に触れたことがないというのが特徴です。

北米のイマージョン教育のもうひとつの大きな特徴は、トータル・イマージョンが多いということです。トータル・イマージョンとは、低学年の時から殆ど全て目標言語で教科指導を行います。具体的には、九〇／一〇モデル（イマージョン言語による授業が約九〇%で、母語での指導が一〇%というモデル）が主流で、中学年または高学年になると、五〇／五〇に移行します。ただ、日本語と英語の場合のように言語距離が遠い場合は、五〇／五〇モデルを採用しています。

中　国

中国のイマージョン教育は、外国語イマージョンであることが多いです。私たちが西安や広州で学校訪問を行ったプログラムは、基本的に外国語イマージョンです。幼稚園では、半分が中国語、残りが英語の五〇／五〇のモデルで、パーシャル・イマージョンで実施されていました。週一五時間の英語による授業が幼稚園では行われていて、小学校に入ると、週六時間または八時間になってしまいます。音楽、図工、体育、道徳、自然科学などが英語で行われています。すなわち、全カリキュラムの二〇％から三〇％が英語による教科指導となっています（Mia & Heining-Boynton, 2011）。これは北米のイマージョン教育の定義からすると、中国の「イマージョン教育」は、いわゆる内容より言語重視の Soft CLIL に近く、必ずしも典型的なイマージョン教育ではなく、ＣＢＩのひとつのモデルである theme-based instruction といっても過言ではないと思います。この特徴は、北米のイマージョンとは大きな違いです。

実は中国語で教育をしなければならないという法律があるので、ある一定の枠を超えて、多くの科目を英語で教えることができないという制約があります。そのため、五〇／五〇のモデルを採用することは難しく、内容重視のイマージョンではなく、言語重視のテーマに沿った Soft CLIL に近い形態になっているようです（Hoare, 2011; Kirkpatrick & Xu, 2001）。

また、中国のいわゆる「英語イマージョン教育」の日本と異なる点は、教員は英語母語話者ではなく、英語が堪能な中国語話者です。

日本

日本のイマージョン教育は、インターナショナルスクールと文部科学省が認可している学校に分類されます。インターナショナルスクール（アメリカンスクール、インディアンスクール、韓国学校、中国学校など）は、継承言語イマージョン教育や英語イマージョン教育を実施しているところもあります（たとえば、東京韓国学校）。一方、学校教育法の第一条に該当する学校、いわゆる一条校のイマージョン教育は、文科省の学習指導要領に従う必要があります。この形態の英語イマージョン教育は、外国語イマージョンで、継承言語イマージョンの要素はありません。五〇／五〇のモデルで実施しており、パーシャル・イマージョンで行われています。

また、中国と異なり、日本の英語イマージョンプログラムでは、ほとんどが英語母語話者か英語を日常使用している国（フィリピンや南アフリカ）からの第二言語としての英語話者で教員が構成されています。

フィンランド

ヨーロッパの例として、フィンランドのスウェーデン語イマージョン教育の例を紹介します。今まで触れてきた他のイマージョン教育との違いは、二言語教育でなく、多言語教育という点です。フィンランドの公用語は、フィンランド語とスウェーデン語です。国勢調査によると、スウェーデン語話者は約五・五%とされています。ところが、この調査では母語を選択する項目がひとつと限られているので、実際のスウェーデン語話者はこれよりも多いと推測できます（Björklund & Mård-Miettinen, 2011）。スウェーデン系の人は、主に西部と南部の海岸地域に住んでいます。また、結婚によって子どもの両親のどちらかがスウェーデン語話者ということもあり、スウェーデン語を継承していくという意味もあります。フィンランドのスウェーデン語イマージョン教育は、幼稚園で一〇〇%、一～二年生で約八五%がスウェーデン語で授業が行われます。

三～四年生で六五％、さらに五～六年生になって、ほぼスウェーデン語とフィンランド語による授業数が同じになります（Björklund & Mård-Miettinen, 2011）。

さらに、特記しておくべきことは、フィンランド語とスウェーデン語は、言語系統が異なります。スウェーデン語は英語に近くインド・ヨーロッパ語族ゲルマン語派で、一方フィンランド語はウラル語族フィン・ウゴル語派（ロシアなどにも分布）で、スウェーデン語とは一定の距離があります。

その他の外国語教育も、ＣＢＩ方式でやっています。時間数は少ないですが、小学校一、二年生から第二言語の英語が導入され、伝統的な教え方ではなくて、内容と言語の統合学習が行われています。さらに、小学校三年生からドイツ語など第四言語もＣＢＩ方式で導入し、効果を上げています（Björklund & Mård-Miettinen, 2011）。

日本の小学校における外国語教育への四つの提言

いくつかの地域のイマージョン教育を概観しましたが、その示唆を日本の小学校の外国語教育の提言という形でまとめたいと思います。

（1）目的に応じて選択できる外国語教育

誰もがイマージョン教育のように外国語で教科学習を受けるというのは、現実的ではなく、その必要もないと思います。Rubio（2018）は、語学力と人口の比率について述べています。一〇％の国民が習得しなければならないレベルが初級レベルで、ＣＥＦＲ（ヨーロッパ言語共通参照枠）でA1、A2レベルだと思われます。さらに、Rubioは三〇％ぐらいの人が、中級または上級であるB1、B2レベルを目指すべきだとし、さらに上のレベルの高度グローバル人材に要求されるプロフェッショナルスキルズを目指す人が一五％、その上の専門職としての外国語能力を目標とするのは五％程度としています。

誰もが持っていなければならない英語力の養成は、文科省の新しい学習指導要領で十分です。しかし、高度グローバル人材に求められる英語力（C1、C2レベル）の養成は、教科学習と統合したイマージョン教育や国際バカロレア教育など選択の幅が広い教育によって実現されるべきではないでしょうか。

（2）内容と言語を統合した早期外国語教育

高度グローバル人材に求められる外国語能力の要請は、外国語でどんな課題（タスク）ができるかということが要になります。小さい頃から外国語を学ぶのではなく、外国語で何かをさせて、認知的にも負荷の多い課題を外国語で考える癖を付けておかないと、グローバルな仕事や国際的な場で議論をすることは難しいです。

イマージョン教育の利点は、年齢相応の教科学習による外国語使用です。たとえば、一年生の時に算数を外国語で学ぶとすると、その内容は子どもたちの認知レベルに合っているはずです。言い換えれば、内容が難しくならないうちに、早期外国語教育で内容と言語を統合する必要があります。

（3）多言語教育の重要性

ヨーロッパのイマージョン教育は多言語教育、アメリカのイマージョン教育は継承言語教育、さらに同国の外国語教育（World Languages）も多言語教育を意識しています。Shin（2018）は、外国語教育を深さと広さという概念で捉えています。アメリカの外国語教育の深さ（depth）は不十分で一年か二年の学習で終わってしまう児童が多いのですが、素晴らしいのは広さ（breath）です。スペイン語、フランス語、ＡＳＬ（American Sign Language）、ドイツ語、イタリア語、日本語など多くの言語が、小中高でも教えられています。さらに、Less Commonly Taught Languages（ＬＣＴＬｓ：一般的に教えられていない言語）も、全米で二四八言語が教えられています（Shin, 2018）。英語ができれば何とかなると考えがちですが、それは危ないと思います。これからの日本は、少しでも多言語教育の重要性を見習う必要があります。

（4）地域に根ざした共生の外国語教育

北米やヨーロッパのイマージョン教育を見ると、近くに中国系のコミュニティーがあれば、子どもたちを中国語のイマージョンに入れる親がいるように、非常に地域に密接した外国語教育です。日本では入管法が改正され、日本に入ってくる多くの外国人は、子弟の日本語教育が必要になるだけではなく、母語教育も不可欠です。この継承言語教育と日本人の子どもの外国語教育を関係づけ、地域の外国語教育を促進すべきだと思います。たとえば、小学校三〜四年生の外国語活動のカリキュラムでは、英語に限らないで、校長の裁量で外国人の保護者の協力を得て、地域の外国語を学ぶこともできるでしょう。是非、政府、自治体、学校に地域の外国語をサポートする積極的な姿勢を望みます。

〈参考文献〉

Björklund, S., & Mård-Miettinen, K. (2011). Integrating multiple languages in immersion: Swedish immersion in Finland. In D. J. Tedick, D. Christian, & T. W. Fortune (Eds.), *Immersion education: Practices, policies, possibilities,* 13–35. Philadelphia: Multilingual Matters.

Bournot-Trites, M., & Reeder, K. (2001). Interdependence revisited: Mathematics achievement in an intensified French immersion program. *Canadian Modern Language Review,* 58(1), 27–43.

Center for Applied Linguistics (CAL). (2015). The directory of two-way immersion programs in the U.S. Retrieved December 2015 from http://www.cal.org/twi/directory/index.html

Christian, D. (1994). *Two-way bilingual education: Students learning through two languages.* Educational Practice Report: 12.

Fortune, T. W., & Tedick, D. J. (2008). One way, two way and indigenous immersion: A call for cross fertilization. In T. W. Fortune & D. J. Tedick (Eds.), *Pathways to multilingualism: Emerging perspectives on immersion education* (pp. 3–21). Clevedon: Multilingual Matters.

Hamayan, E., Genesee, F., & Cloud, N. (2013). *Dual language instruction from A to Z: Practical guidance for teachers and administrators.* Portsmouth, NH: Heinemann.

Hoare, P. (2011). Contexts and constraints: Immersion in Hong Kong and Mainland China. In D. J. Tedick, D. Christian, & T. W. Fortune (Eds.), *Immersion education: Practices, policies, possibilities.* Bristol, UK: Multilingual Matters.

Kirkpatrick, A., & Xu, Z. (2001). The new Language Law of the People's Republic of China. *ALM Articles,* 14–15.

Mia, P., & Heining-Boynton, A. L. (2011). Initiation/response/follow-up, and response to intervention: Combining two models to improve teacher and student performance. *Foreign Langauge Annals,* 44(1), 65–79.

Rubio F. (2018). Language education in elementary schools: Meeting the needs of the nation. *Foreign Language Annals,* 51(1), 90–103.

Shin, S. J. (2018). *Bilingualism in schools and society: Language, identity, and policy* (2nd ed.). New York: Routledge.

Snow, M. A. (2014). Content-based and immersion models of second/foreign language teaching. In M. Celce-Murcia, D. M. Brinton, & M. A. Snow (Eds.), *Teaching English as a second or foreign language* (4th ed.). Boston, MA: Heinle Cengage Learning.

Swain, M., & Johnson, R. K. (1997). Immersion education: A category within bilingual education. In R. K. Johnson & M. Swain (Eds.), *Immersion education: International perspectives* pp. 1–16. New York: Cambridge University Press.

Swain, M., & Lapkin, S. (2005). The evolving sociopolitical context of immersion education in Canada: Some implications for program development. *International Journal of Applied Linguistics,* 15(2), 169–186.

Turnbull, M., Lapkin, S., & Hart, D. (2001). Grade 3 immersion students' performance in literacy and mathematics: Province-wide results from Ontario (1998–99). *Canadian Modern Language Review,* 58(1), 9–26.

質疑応答

小林：質疑応答ですが、休憩時間に頂戴した質問に対する回答という形で進めさせていただきたいと思います。

李：韓国では熱心に英語教育をやって、現在どれぐらい使われているのか、どのような職に就くのかについて質問がありました。韓国の場合、英語が就職の際に必須です。大企業の給料が一番高いので、大企業に入りたがる学生がたくさんいますし、小さい企業であっても、採用試験のときにＴＯＥＩＣの点数を出すと有利です。点数が高ければ、いい職に就けます。

とりわけ、早期留学でアメリカで勉強した人の活躍が一番大きいと思います。しかし帰国して活躍したくても、国語ができない人もかなり多いです。そのため国語と英語の両立という課題があります。これは私の個人的な意見ですが、韓国は日本と同じで島国で、文化的にも経済的にも英語圏から支配されていると思います。しかし、やっと新たな動きが出てきています。

東：私は三つ質問を頂いています。一点目が、中国、韓国の英語教育を比較するときに、日本との最も大きな相違点は何でしょうかです。一言で言うと、英語を使って何をするというところの最終ゴールが違うように思います。特に私は小学生と英語学習をしていますので、小学生は、動機付けが大学に入るためだとか就職のため、という理由よりも、純粋に外国語に興味がある、外国の文化に興味がある、授業が楽しいということで、学ぼうとしているところが多いと思います。強迫観念がありません。就職と英語力が、日本は韓国と中国ほど直結していないので、興味を持って勉強するというところが、相対的に多いのではないでしょうか。

二点目です。日本は中国、韓国の英語教育から何を学ぶのでしょうかという質問です。指導者が母語話者に頼っていないところです。特に中国のイマージョンでやっていく授業で、一〇〇%本当に中国語話者の先生方が素晴らしい授業をしているのを拝見して、日本もこうあったらいいなと思いました。

三点目が、日本の中国、韓国に誇れる英語教育の要素があるとすれば、それは具体的にはどのような要素でしょうかということです。コミュニケーション能力の育成のために外国語を使うところが、日本の特徴で私はとても好きです。特に小学校段階では、英語を正確に上手に話すだけではなく、相手に伝わるように、他者への配慮を小学生ながら意識して、アイコンタクト、クリアボイス、スマイル、ジェスチャー、リアクションを駆使し、相手の話をきちんと聞いて反応する。それから、心も込めて言うという、子どもたちが自主的に良いコミュニケーションの中で英語を使っているところが、日本の誇れる英語教育ではないかなと私は思っています。

原田：三つほど頂きました。最初は、共生の外国語教育をどうしたらいいのかということです。ある意味では、今まで日本がやってきた英語活動や外国語活動のやり方が使えるのではないでしょうか。たとえば、韓国語話者や中国語話者が多い地域では、地域の人たちを学校に呼びこんで、彼らと一緒に教師もゼロから新しい外国語を学ぶという態度を持つことが大事なのかなと思います。教員の負担が大きくならないよう、教材開発はシンプルにして楽しくやっていくことが、最も大事なところかと思います。地域の人とお互いに外国語や日本語を通して一緒に学んでいくという体制ができるはずです。

また、イマージョン教育で、具体的に教員はどのように実施しているのかというご質問がありました。二言語で教科を学ばせるときに、たとえば、午前中の科目は全部英語、午後の科目は日本語でやるとか、月水金は日本語で、火木は英語でやるとか。そのような形で、基本的に一人の教員がひとつの言語。たとえば、日本語を教える人はいつも日本語で教えて、英語で教える人はいつも英語で教えるというカリキュラムを作ってやっているはずです。

イマージョンに関してもうひとつ質問を頂きました。私が先ほど申し上げたことは、外国語教育は目標や目的をクリアにすることによって、いろいろなレベルを目指す外国語教育があってもいいのではないかという話でした。というのは、ＣＥＦＲのＡ１、Ａ２、Ｂ１ぐらいは、やはり誰もが身に付けているレベルなのですが、Ｃ１やＣ２といった目的がクリアなものは、早期からやっていくことを提案しました。

ここで教育の公平性や平等性がでてきます。ただし、みんなが表面的に同じことをやることが教育の平等ではないと思います。いろいろな生徒がいて、ある生徒は外国語で自分を発揮できるけれども、ある生徒は外国語では駄目だと。別に外国語が嫌いな生徒がいても、だからこそそういう生徒は素晴らしいではないかという発想も持っていただければと思います。

皆が皆イマージョン教育というのは、おかしいです。親も子どもも、自分が最も楽しい道は何なのか。それを実現できる教育が、本当の意味の平等の教育だと思います。

小林：中国の英語教育について、現状はどうでしょうかという質問を頂いています。中国の小学校の教育は、とにかく積極的に英語を使い情報発信することを重視しているように思います。ただ、中学校から高校に入っていくと、やはり受験がありますので、文法重視へと重点が変わってきていると思います。

またご質問の中で、中国人から見た日本の小学校教育がありました。中国のゲストを日本の小学校にお連れすると、非常にいいと言ってくださるのが、環境教育、体育、食育、家庭科、音楽です。日本の教育は全面的な発達を目指していて、その点、評価してくださるように思います。

それに対して、日本の小学校の英語教育は、必ずしも評価は高くないのかなという気がします。ただ、先ほど東先生が発言の中で、日本の小学校の教育の中では、むしろ子どもたちが自主的に良いコミュニケーションの中で英語を使っているということをおっしゃっていました。これが今後の日本の英語教育を考える上で、大切な点なのではないかと思いました。

東：私の大学にも中国人の留学生がいて、楽しく勉強した記憶がない、ということを言うのです。いつも叱られていたと。その学生は日本の小学校に行って、特に英語の授業で子どもが本当に楽しそうに体を動かして、歌って踊っているのを見て、中国と違うと言っていました。楽しく英語を勉強したことがなかったということは、非常に印象的でした。

小林：それでは、各先生から最後にまとめということで、今後の日本の英語教育に対する提言を頂戴して、この質疑応答を終了したいと思います。

東：小学校を卒業した一〇年後などにつながっていく原体験のようなこと、英語を使って楽しかったとか、外国の文化を知って楽しかったということを小学生がたくさん体験できるような授業が計画できたらいいなと思います。そのためには、教員養成段階で、嫌がっている子どもや嫌がっている担任の先生もやる気にさせて、楽しい授業ができるようにしていくというところも、ティーチアドバイザーとして大きな課題になります。

学級担任の先生方の中には、できれば自分が理想とするフィットな形になりたいけれども、絶対できないと思って諦めている人が多いのではないでしょうか。そのためティーチアドバイザーが寄り添って、いいコーチをしながら、先生たちの「やれない」を、「やれるかもしれない、やったらやれた」というところに持っていくような、教員として駆け上がっていく先生方の自己実現をお手伝いできればと思っています。

原田：私は長いこと英語圏にお世話になってきました。そういう意味で、英語圏の国は貴重な原体験があるのですけれども、だからこそ僕は言いたいです。英語に振り回されないでほしいということです。英語はパワーに結び付いているので、英語圏の人たちが、理不尽なことをたくさん言うのです。政治でも経済でもそうですよね。そういうのに対し、きちんと批判的な思考を身に付けて、英語で勝負ができるような教師や学習者をつくり上げていく。そうでないと、日本は英語に振り回されておしまいだと思います。先ほども個人的な言葉で言いましたが、英語はある意味で危険であることを忘れないでください。

李：私は早稲田大学に入学するための試験対策として、英語を自習しました。留学生選考だったのですが、英語で作文を書いたりとても大変でした。自分は英語が駄目で日本に来たのに、なぜここまで英語を勉強しないといけないのかと思いながら頑張った記憶があります。入学者選抜の在り方を含めて考えてもらいたい点です。

小林：今後の英語教育に関して、一点目ですが、楽しく学べる英語教育を小学校でしてほしいと思います。まず心が動くことがとても大事です。心が動く英語教育、生涯において言語を学ぶ土台となるような、英語教育であってほしいと思います。二点目ですが、これからの世の中で、英語だけではなくて、他の言語も同時に重要になってきます。その意味では、たとえば日本に在住の外国人は、多言語話者として貴重な財産ではないでしょうか。英語だけではない外国語教育を望みたいと思っています。三点目です。先ほど原田先生がトップの五％という話をされました。これからのグローバルな時代の中で、英語で授業ができる、英語で論文が発表できる高度な言語スキルを持ったトップ五％の人材を育てることも重要です。私自身も学問の世界にいて、英語で勝負しなければいけないという場面も多いです。このトップ五％をどのような形で育てるのかも、大切なテーマではないでしょうか。本日は、誠にありがとうございました。

「早稲田教育ブックレット」№．21刊行に寄せて

佐藤　隆之

新学習指導要領（二〇一七年改訂、二〇二〇年度より全面実施）から、小学校高学年で英語が教科化されることは周知の通りです。英語は既に、韓国では一九九七年に小学校三年から、中国でも二〇〇一年からやはり小学校三年から必修となっています。同じ東アジアに位置する日本での必修化はそれに比べて大分遅れをとっていることになりますが、先行する両国に学び、いかにして「遅れてきた二〇年」を取り戻し、日本の英語教育の基礎を充実させるか。この緊要な課題を教育最前線講演会シリーズ第二八回では取り上げました。本「早稲田教育ブックレット」№．21は、その成果です。

東アジアという括りで小学校英語教育のあり方を検討することの意義は、言語や文化などにおいて同じようなハンディを負っていることから容易に想像がつくでしょう。講演会を通して、小学校英語教育について各国固有の課題と、共通の課題が浮かび上がっていることと思います。「遅れてきた二〇年」と先に記しましたが、韓国や中国と比較することで、日本ならではの小学校英語教育の可能性もみえてきました。英語をなぜ学ぶのか、目的をどこに設定するのか、多くの言語がある中でなぜ英語なのか、といった根源的な問いも提起されました。これらの検討が、今後の日本と東アジアの英語教育の発展の礎となることを期待したいと思います。

このようなタイムリーな企画を実現することができたのは、講演会のコーディネーターを務めて下さった小林敦子教授のおかげです。ご登壇いただいた先生方、編集・刊行に際してお世話になった方々のご尽力にも、この場をお借りして心よりお礼申し上げます。

（早稲田大学教育総合研究所　副所長）

著者略歴（2019年3月現在）

小林（新保）敦子（こばやし（しんぼ）あつこ）
早稲田大学教育・総合科学学術院教育学科・大学院教育学研究科学校教育専攻教授　博士（教育学）
略歴：東京大学大学院教育学研究科博士課程単位取得退学。京都大学人文科学研究所助手、早稲田大学教育学部専任講師、助教授を経て、現職。北京師範大学客員教授。専門は中国教育、生涯教育学。

李　恩珠（イ　ウンジュ）
韓国明知短期大学青少年教育福祉学科客員教授
略歴：早稲田大学教育学部・教育学研究科修士及び博士課程修了・博士号取得（教育学）後、韓国に帰国し、明知短期大学及び京仁女子大学などで非常勤講師として「生涯学習学」及び「青少年教育」に関する講義を担当している。

東　仁美（ひがし　ひとみ）
聖学院大学人文学部欧米文化学科教授
略歴：テンプル大学大学院教育学研究科英語教授法専攻修士課程修了（M.Ed）
聖学院大学特任講師、専任講師、准教授を経て、現職。専門は小学校英語教育。小学校外国語活動の教員養成・教員研修、外国語活動における小学校教員の発話分析などの研究を行っている。

原田　哲男（はらだ　てつお）
早稲田大学教育・総合科学学術院英語英文学科・大学院教育学研究科英語教育専攻教授。専門は、第二言語習得、バイリンガル教育、外国語の音声習得、英語教育、日本語教育。
略歴：University of California, Los Angeles（UCLA）で応用言語学博士号を取得し、UCLAで移民や留学生を対象に英語授業を、University of Oregon で日本語学、日本語教育を担当。